BEI GRIN MACHT SICH IHR WISSEN BEZAHLT

Bibliografische Information der Deutschen Nationalbibliothek:

Die Deutsche Bibliothek verzeichnet diese Publikation in der Deutschen National-
bibliografie; detaillierte bibliografische Daten sind im Internet über http://dnb.d-
nb.de/ abrufbar.

Impressum:

Copyright © 2017 GRIN Verlag, Open Publishing GmbH
Druck und Bindung: Books on Demand GmbH, Norderstedt Germany
ISBN: 9783668563117

Dieses Buch bei GRIN:

http://www.grin.com/de/e-book/379073/der-zusammenschluss-der-parteien-pds-
und-wasg-zur-neuen-partei-die-linke

Lale Marie Dalz

Der Zusammenschluss der Parteien PDS und WASG zur neuen Partei DIE LINKE

GRIN Verlag

GRIN - Your knowledge has value

Der GRIN Verlag publiziert seit 1998 wissenschaftliche Arbeiten von Studenten, Hochschullehrern und anderen Akademikern als eBook und gedrucktes Buch. Die Verlagswebsite www.grin.com ist die ideale Plattform zur Veröffentlichung von Hausarbeiten, Abschlussarbeiten, wissenschaftlichen Aufsätzen, Dissertationen und Fachbüchern.

Besuchen Sie uns im Internet:

http://www.grin.com/

http://www.facebook.com/grincom

http://www.twitter.com/grin_com

RWTH Aachen

Institut für Politische Wissenschaft

Der Zusammenschluss der Parteien PDS und WASG

zur neuen Partei DIE LINKE

Bachelorarbeit im Studiengang Gesellschaftswissenschaften

Vorgelegt am Institut für Politische Wissenschaft der RWTH Aachen

von Lale Dalz

im Studiengang Gesellschaftswissenschaften

Inhaltsverzeichnis

1 Einleitung

Der 16. Juni 2007[1] war für viele deutsche Aktivistinnen und Aktivisten ein historischer Tag. Mit der Gründung der Partei DIE LINKE war scheinbar geglückt, was seit der Wiedervereinigung Deutschlands unmöglich erschienen war: Eine gesamtdeutsche Partei war entstanden, links von SPD und Grünen[2], befreit vom regionalen Charakter der PDS und dem Stigma ihrer SED-Vergangenheit[3]. Bereits 2005 hatte sich das Bündnis aus PDS und der Wahlalternative Soziale Gerechtigkeit mit einer gemeinsamen Bundestagsfraktion als fünfte Kraft im deutschen Parteiensystem etabliert[4]. Mit dem Gründungsparteitag der Partei DIE LINKE war die Fusion der beiden Parteien formell abgeschlossen.

Zehn Jahre sind nun seit dem Gründungsparteitag vergangen. Anlässlich dieses kleinen Jubiläums soll in dieser Arbeit ein Rückblick auf die Prozesse vorgenommen werden, welche vor und während der Parteigründung intern vonstatten gingen. Unter der Forschungsfrage „Aus welchen Gründen und mit welchen Folgen schlossen sich PDS und WASG zur Partei DIE LINKE zusammen" wird der Prozess der Parteigründung nachgezeichnet und analysiert. Hierzu wird zunächst ein Rückblick vorgenommen, welcher die Geschichte, Struktur und Wahlergebnisse sowohl der PDS als auch der WASG skizzieren soll. Anschließend werden die Gründe, Motivationen und Ziele rekonstruiert, welche die Mitglieder beider Parteien dazu bewegten eine Fusion anzustreben. Danach wird der Prozess beschrieben in welchem diese Fusion vonstatten ging.

Aufgrund des begrenzten Rahmens dieser Arbeit wird die Untersuchung der PDS nur in Form eines groben Überblickes stattfinden können. Die meiste Aufmerksamkeit wird hierbei der Entwicklung in den späten 1990er- und frühen 2000er-Jahren gewidmet. Diese Eingrenzung ist zudem sinnvoll, um die PDS in Relation zur WASG betrachten zu können, welche erst 2004 entstand[5].

Das methodische Vorgehen dieser Arbeit sieht vor, hauptsächlich Sekundärliteratur aus der Parteienforschung zu verwenden, welche vor allem über die PDS reichlich verfügbar ist. In dieser Arbeit wird auf die Arbeiten von Viola Neu, Michael Brie, Manfred Behrend sowie

---

[1] Ramelow, Bodo: Die Mühe hat sich gelohnt. In: Disput. Mitgliederzeitschrift der Partei DIE LINKE, 27. Jahrgang 2017, Heft 5, S. 7.
[2] Nachtwey, Oliver; Spier, Tim: Günstige Gelegenheit? Die sozialen und politischen Entstehungshintergründe der Linkspartei, in: Spier, Tim; Butzlaff, Felix; Micus, Matthias; Walter, Frank (Hg): Die Linkspartei. Zeitgemäße Idee oder Bündnis ohne Zukunft?, Wiesbaden 2007: VS Verlag für Sozialwissenschaften, S. 14
[3] Wilke, Manfred; Baron, Udo: Die Linke. Entstehung – Entwicklung – Geschichte. Sankt Augustin/ Berlin 2008, Konrad-Adenauer-Stiftung. S. 16 f.
[4] Pappi, Franz Urban; Shikano, Susumu: Regierungsabwahl ohne Regierungsneuwahl, in: Politische Vierteljahresschrift, 45. Jahrgang 2005, Heft 4, S. 521 ff.
[5] Nachtwey, Oliver: Im Westen was Neues. Die Entstehung der Wahlalternative Arbeit & soziale Gerechtigkeit, in: Spier, Butzlaff, Micus, Walter 2007, S. 155.

Michael Koß zurückgegriffen.

Hinzu kommen statistische Daten in Form von Wahlergebnissen und Mandaten in verschiedenen Parlamenten. Bezüglich der WASG liegen darüber hinaus vor allem Erfahrungsberichte von beteiligten Personen vor, welche in „Was war? Was bleibt? Wege in die WASG, Wege in DIE LINKE" von Klaus Ernst, Thomas Händel und Katja Zimmermann zusammengetragen wurden. Dazu kommen weitere Veröffentlichungen über die WASG, welche aus der Perspektive von Beteiligten über die Vorgänge in der WASG berichten. Hierzu zählt beispielsweise in Lucy Redlers „Das Verschwinden der WASG", welches interessante Einblicke in die Konflikte vor allem innerhalb der Berliner WASG liefert und die beschriebenen Vorgänge auch gründlich belegt, jedoch eine stark durch die politische Ausrichtung der Verfasserin geprägte Perspektive einnimmt.

Wissenschaftliche Analysen bezüglich der WASG sind rar, was wohl vor allem dem kurzen Zeitraum zwischen ihrer Gründung und der Fusion mit der PDS begründet ist. Dennoch existieren sie, beispielsweise im noch 2007 entstandenen Sammelband „Die Linkspartei. Zeitgemäße Idee oder Bündnis ohne Zukunft?", welcher durch Tim Spier, Felix Butzlaff, Matthias Micus und Franz Walter herausgegeben wurde.

Zudem bedient sich diese Arbeit der Analysen in verschiedenen Zeitschriften. Hierzu gehören allgemeine politikwissenschaftliche Zeitschriften, beispielsweise die „Politischen Vierteljahresschriften" und das „Forschungsjournal Neue Soziale Bewegungen".

Außerdem gibt es Zeitschriften, welche gewissermaßen aus den eigenen Reihen der Linkspartei/ LINKEN veröffentlicht werden. Zu diesen Veröffentlichungen gehören die Mitgliederzeitschrift der LINKEN, die Disput, welche eher kurze und aktuelle Analysen liefert, aber auch die Zeitschrift Das Argument des Berliner Instituts für kritische Theorie, deren Verlegerin Frigga Haug selbst Mitglied der Partei DIE LINKE ist und bei der Parteifusion mitwirkte[6]. Diese Veröffentlichungen werden natürlich nicht unkritisch genutzt, da sie selbstverständlich eine gewisse politische Subjektivität besitzen. Dies ist jedoch bei fast allen Zeitschriften, Artikeln und Büchern der Fall, welche zu diesem Thema existieren. Darum wurde in dieser Arbeit versucht, ein möglichst breites Spektrum von Analysen aus verschiedenen weltanschaulichen Richtungen zu berücksichtigen[7].

---

[6]Haug, Frigga: Männerfäuste mit Schwielen. In: Disput. Mitgliederzeitschrift der Partei DIE LINKE, 27. Jahrgang 2017, Heft 5, S. 6
[7]Die Arbeit enthält u.a. Veröffentlichungen der Rosa-Luxemburg-Stiftung, jedoch auch der Konrad-Adenauer-Stiftung. Sie berücksichtigt interne Analysen (zum Beispiel durch Michael Brie und Gregor Gysi) wie auch externe und kritische Analysen, wie beispielsweise aus der Extremismusforschung. Ein Beispiel hierfür sind die zitierten Arbeiten von Viola Neu. Bei Veröffentlichungen parteinaher Personen (bspw. Manfred Behrend) wurde versucht, deren Aussagen vor dem Hintergrund ihrer Zugehörigkeit oder Nähe zu Gruppen innerhalb

Der Aufbau dieser Arbeit sieht vor, zunächst die Geschichte der PDS kurz zusammenzufassen, dann ihre Struktur hinsichtlich der Mitgliedschaften, Mandate und des Programms vor der Parteifusion herauszuarbeiten. Weiterhin wird analysiert, welche strategischen Gründe dem Entschluss zugrunde lagen, ein Wahlbündnis mit der WASG einzugehen. Danach wird die Geschichte der WASG ebenfalls kurz beschrieben und deren Struktur erläutert, und die Entscheidung zum Bündnis wird auch aus Sicht der WASG-Mitglieder genauer betrachtet. Anschließend werden die Prozesse vom Entschluss zum Wahlbündnis bis hin zur Gründung der Partei DIE LINKE 2007 zusammengefasst.

Die Arbeit wird nicht sämtliche Prozesse und Entscheidungskriterien der jeweiligen Parteimitglieder berücksichtigen können, ebenso wenig können alle internen Diskussionen und Vorgänge vor der Fusion berücksichtigt werden, welche vielleicht ebenfalls wichtig für die Partei DIE LINKE sind. Auch die weitere Entwicklung der Partei DIE LINKE nach ihrer Fusion wird nicht gründlich dargestellt werden können. Es soll jedoch verdeutlicht werden, dass mit der LINKEN eine neue Partei mit einer neuen und einzigartigen Identität entstanden ist, obwohl sie in der jeweiligen Tradition der Parteien steht, aus denen sie entstanden ist.

2 Die PDS

2.1 Die Geschichte der PDS im Überblick

2.1.1 Entstehung, Umstrukturierung, Grundsatzprogramm

Die Partei des Demokratischen Sozialismus entstand aus der SED, der sozialistischen Einheitspartei Deutschlands. Diese war die Staatspartei der DDR und aus einer durch die sowjetische Besatzungsmacht erzwungenen Vereinigung zwischen KPD und SPD hervorgegangen[8].

Im Zuge der deutschen Wiedervereinigung stand die SED 1989 vor der Entscheidung, sich aufzulösen oder ihre Struktur den neuen Gegebenheiten einer vereinigten Bundesrepublik Deutschlands anzupassen[9]. Auf dem außerordentlichen Parteitag am 8.-9. Dezember 1989 wurde nach sehr kontroversen Diskussionen eine Entscheidung gegen die Auflösung der SED

---

der Parteien kritisch zu betrachten und nur Aussagen zu zitieren, die nicht als subjektive Behauptungen gedeutet werden können. Die Autorin erhebt jedoch keinen Anspruch darauf, völlig neutral zu schreiben oder die perfekte Balance zwischen allen ideologischen Richtungen gefunden zu haben, aus denen sich zu den beschriebenen Ereignissen geäußert wurde.

[8]Kritzer, Peter: Kurze Programmgeschichte der deutschen Arbeiterbewegung. München 1972: Ehrenwirth Verlag KG. S. 102 f.

[9]Neu, Viola: Das Janusgesicht der PDS. Extremismus und Demokratie, Band 9, Baden-Baden 2003: Nomos Verlagsgesellschaft, S. 17.

gefällt und stattdessen deren Umbenennung in SED-PDS beschlossen [10]. Deren Vorsitz übernahm Gregor Gysi, welcher mit Warnungen vor unerfreulichen juristischen und praktischen Folgen einer Parteiauflösung und -Neugründung die Abstimmung zugunsten einer Umbenennung beeinflusst hatte [11]. Mit dem Fortbestand der Partei unter den neuen Voraussetzungen und unter neuem Namen sollte ein möglicherweise drohender Konflikt um die Rechtsnachfolge der SED zwischen mehreren neugegründeten Parteien vermieden werden. Dieser hätte sowohl die Arbeitsplätze sämtlicher Parteimitarbeiter als auch die Erhaltung des Parteieigentums [12] gefährdet [13].

Parallel zur erneuten Umbenennung der SED-PDS in PDS am 4. Februar 1990 [14] wurden einige Strukturen der SED abgebaut, dies betraf beispielsweise die bewaffneten Organe, die Kampfgruppen und das Parteischulsystem [15]. Kurz darauf entstanden mehrere Strömungen der PDS, was in der SED-Zeit aufgrund des Fraktionsverbotes nicht der Fall gewesen war [16]. Die neuen Strömungen beinhalteten eine sozialdemokratische, eine Strömung des „Dritten Wegs [17]" sowie die Kommunistische Plattform (KPF) [18]. Dies zeigt, dass die PDS von Anfang an versuchte, eine breit aufgestellte Partei zu werden, welche verschiedene ideologische Linien anerkannte und sich das Ziel setzte, diese unter einem parteilichen „Dach" zu vereinen.

Neben den strukturellen Veränderungen wurde auch ein neues Programm erarbeitet. Sah das Parteiprogramm der PDS 1990 noch vor, die DDR zu reformieren [19], so musste nun ein neues Programm entwickelt werden, welches den Rahmenbedingungen innerhalb der Bundesrepublik Deutschland entsprach. Hierfür wurde 1993 ein neues, vorläufiges Parteiprogramm verabschiedet, welches folgende Grundsätze enthielt:

Das Wirken der Partei sollte sich zukünftig auf ganz Deutschland erweitern, die Grundsätze

---

[10]Ebenda.
[11]Ebenda, S. 18.
[12]Dieses bestand aus Geld, vor allem aber Immobilien im Besitz der SED. Die genauen Summen blieben lange unklar. Im Nachhinein wurde das Verwenden von Geldern aus dem SED-Erbe durch die PDS während der Jahre 1990 und 1991 durch die Unabhängige Kommission Parteivermögen als rechtswidrig erklärt. Die bereits ausgegebenen Gelder wurden jedoch nicht eingeklagt. Im Gegenzug hierzu musste die PDS alle weiteren Ansprüche auf SED-Gelder aufgeben und durfte nur fünf Gebäude behalten. Die Gelder und Gebäude wurden dann durch Treuhandanstalt und die Unabhängige Kommission Parteivermögen verwaltet und für staatliche Zwecke verwendet. Vgl. o.V.: Gefährliche Erbschaft. In: Der Spiegel, 45. Jahrgang 1994, Heft 32.
[13]Neu 2003, S. 17.
[14]Ebenda.
[15]Behrend, Manfred: Eine Geschichte der PDS. Von der zerbröckelnden Staatspartei zur Linkspartei, Köln 2006: Neuer ISP Verlag GmbH, S. 31
[16]Neu 2003, S. 17.
[17]Der „Dritte Weg" bezeichnet ein System jenseits von Kapitalismus sowie stalinistischem Kommunismus. Vgl. Neu 2003, S. 24.
[18]Behrend 2006, S. 31.
[19]Behrend 2006, S. 48.

der „humanistisch-demokratischen Tradition der sozialistischen Idee"[20] sollten weiterhin als Grundlage für das politische Handeln dienen, die Kapitalherrschaft sollte gebrochen werden. Der Anschluss der DDR an die Bundesrepublik wurde als unsozial und destruktiv charakterisiert und für eine „umfassende Vernichtung von Arbeitsplätzen"[21] verantwortlich gemacht. Der DDR wurde nachträglich zugute gehalten, für Arbeit, soziale Sicherung, Geschlechtergerechtigkeit sowie Chancengleichheit in den Bereichen des Bildungs – und Gesundheitswesens gesorgt zu haben. Zudem erfolgte eine, wenn auch zurückhaltende, kritische Auseinandersetzung mit der DDR-Vergangenheit. In dieser wurde dem Realsozialismus eine Unfähigkeit attestiert, das Eigentum nachhaltig zu vergesellschaften und für die nötige Wirtschaftsleistung zu sorgen. Als Ziel für die Zukunft wurde weiterhin der Sozialismus festgehalten.

Zu den konkreten Forderungen des Parteiprogramms gehörten die Vergesellschaftung von Produktionseigentum, der Schutz und Ausbau der Grundrechte, kommunale Selbstverwaltung, ein bedarfsorientiertes Grundsicherungssystem, das Recht auf menschenwürdiges Wohnen, soziale und ökologische Umgestaltung der Wirtschaft, und weitere Forderungen die auf soziale Gerechtigkeit und Mitbestimmungsmöglichkeiten im wiedervereinigten Deutschland und Europa abzielten[22].

Darüber hinaus charakterisierte die PDS sich selbst als „Zusammenschluss unterschiedlicher linker Kräfte" [23] und betonte die Bedeutung sowohl parlamentarischer als auch außerparlamentarischer Arbeit.

2.1.2 Die Etablierung im bundesdeutschen Parteiensystem

Während die PDS in den neuen Bundesländern zunächst einen großen Vorsprung gegenüber anderen Parteien bezüglich ihrer Mitgliedszahlen besaß[24], sanken die Mitgliederzahlen dort während der 1990er Jahre kontinuierlich, was einerseits am Systemwechsel lag und andererseits der Überalterung der Mitglieder geschuldet war[25]. 1996 gehörten 67% der PDS-Mitglieder in den neuen Bundesländern zur Alterskohorte über 60 Jahre[26]. Bis 2002 stieg dieser Prozentsatz auf 80,3 % an. 49,6% der ParteigenossInnen im Osten hatten zu diesem

---

[20]Ebenda, S.49.
[21]Ebenda.
[22]Ebenda, S. 51.
[23]Ebenda, S. 52.
[24]Neu 2003, S. 36
[25]Ebenda, S. 37.
[26]Ebenda, S. 41.

Zeitpunkt sogar bereits das Alter von 70 Jahren überschritten[27].

Die Partei konnte dort jedoch auf über Jahrzehnte gewachsene Strukturen zurückgreifen und genoss im Vergleich zum Westen noch immer eine allgemeine Akzeptanz. Obwohl sie Mitglieder verlor, war sie mobilisierungsfähig und konnte bei Kommunal- und Landtagswahlen zunehmende Erfolge verzeichnen[28].

In den alten Bundesländern wuchs die Mitgliedschaft kontinuierlich an, blieb jedoch zunächst auf einem geringen Niveau[29]. Da SPD und Grüne sich im Westen von der PDS distanzierten, rekrutierte die neue West-PDS ihre Mitglieder und Sympathisanten fast ausschließlich aus einem Milieu, das bereits vor der Wiedervereinigung Deutschlands Verbindungen zur SED hatte, wie beispielsweise der DKP[30], aber auch aus dem maoistischen BWK (Bund Westdeutscher Kommunisten)[31]. Die Hoffnung, viele der Mitglieder von SPD und Grünen für sich gewinnen zu können,

erfüllte sich für die PDS nicht[32]. Damit wurde sie zunächst nicht ihrem Anspruch gerecht, ein Sammelbecken für die gesamte deutsche Linke zu werden.

Zudem sorgten diese Rahmenbedingungen dafür, dass die PDS im Westen deutlich radikalere Positionen vertrat, da die wenigen Mitglieder vorwiegend aus einem ideologisch gefestigten linken Milieu stammten[33], während in der PDS-Mitgliederbasis im Osten vor allem zu Beginn der 1990er noch ein starker Restbestand aus SED-Zeiten vorhanden war[34]. Diese Mitglieder waren zwar ebenfalls ideologisch gefestigt, jedoch waren sie durch die Erfahrung der SED als Regierungspartei in der DDR stärker an parlamentarischem Einfluss und der Fortsetzung ihrer politischen Karrieren interessiert als an radikaler Opposition[35]. Die PDS konnte im Osten zudem an die weit verbreitete Meinung anknüpfen, der Sozialismus sei eine gute Idee, die in der DDR lediglich schlecht ausgeführt worden sei[36]. Daher war es nicht nur möglich, sondern nötig, massentauglichere Positionen zu vertreten als im Westen[37].

Es kam aus diesem Grund zu Konflikten und sogar zum Widersetzen einzelner

---

[27]Ebenda.
[28]Ebenda, S. 39, 56, 58
[29]Ebenda.
[30]Ebenda, S. 45
[31]Koß, Michael: Durch die Krise zum Erfolg? Die PDS und ihr langer Weg nach Westen, in: Spier, Butzlaff, Micus, Walter 2007, S. 122
[32]Neu 2003, S.45.
[33]Ebenda, S.46.
[34]Ebenda, S. 37.
[35]Koß 2001, S. 129
[36]Neller, Katja; Thaidigmann, Isabell: Das Vertretenheitsgefühl der Ostdeutschen durch die PDS: DDR-Nostalgie und andere Erklärungsformen im Vergleich, in: Politische Vierteljahresschrift, 43. Jahrgang 2002, Heft 3, S. 428.
[37]Ebenda.

Landesverbände gegen Beschlüsse der Bundespartei [38]. Dieses Spannungsfeld zwischen „PragmatikerInnen" und „ModernisiererInnen [39] " sorgte auf mehreren Parteitagen für Kontroversen um die richtige Strategie für den Westen.

Auch an den Wahlergebnissen lässt sich ablesen, dass die PDS sich im Osten rasch etablierte, während die Entwicklung im Westen schleppend verlief. In Brandenburg erreichte die PDS bei der Landtagswahl 1990 13,4% der WählerInnenstimmen, bis 2004, also kurz vor der Fusion, hatte sie ihr Ergebnis stetig verbessert und kam bei der Landtagswahl auf 28%[40].

In Mecklenburg-Vorpommern fiel die PDS bei den Landtagswahlen zwischen 1990 und 2006 nie unter 15%, das höchste Wahlergebnis holte sie dort 1998 mit 24,4%[41]. In Thüringen steigerte sie die Wahlergebnisse bei Landtagswahlen von 9,7% 1990 auf 26,1% 2004[42]. In Sachsen und Sachsen-Anhalt lagen die Werte immer im zweistelligen Bereich, bei der Landtagswahl 1990 holte die PDS dort aus dem Stand 10,2 und 12% der WählerInnen-Stimmen und steigerte sich bis 2004 bzw. 2002 auf 23,6% (Sachsen) und 20,4% (Sachsen-Anhalt) [43] . In Berlin lagen die Wahlergebnisse der PDS bei den Wahlen zum Abgeordnetenhaus zwischen 9,2% (1990) und 23,8% (2001)[44]. Dort war die PDS zwischen 2002 und 2006 auch an der Regierungskoalition beteiligt[45], ebenso von 1998 bis 2006 in Mecklenburg-Vorpommern[46].

In den westlichen Bundesländern schaffte es die PDS bei den Landtagswahlen nie über 8,4%, in Bayern und Rheinland-Pfalz war sie nie im Landtag vertreten[47]. Auf Landesebene war die PDS im Westen an keiner Regierungskoalition beteiligt. Sie verfügte in allen alten Bundesländern bis 2002 über nur 4700 Mitglieder, während es im Osten ca. 66000 waren[48]. Bis 1998 hatte die PDS im Westen nicht einmal in jedem Bundesland Wahlkreisbüros der Abgeordneten bzw. Regionalbüros der Bundestagsfraktion[49]. Bei Kommunal-, Bürgerschafts-, und Stadtratswahlen erlitt die PDS im Westen Misserfolge, so beispielsweise 1993 in Hamburg und 1996 in Nürnberg[50]. In Bremen konnte sie zwar 1995 fünf Beiratssitze ergattern,

---

[38]Koß 2001, S. 123
[39]Ebenda, S. 129
[40]Kost, Andreas; Rellecke, Werner; Weber, Reinhold (Hg): Parteien in den deutschen Ländern. Geschichte und Gegenwart. Beck'sche Reihe, München 2010: C.H. Beck, S. 416.
[41]Ebenda, S. 422.
[42]Ebenda, S. 429.
[43]Ebenda, S. 427
[44]Ebenda, S. 415 f.
[45]Ebenda, S. 435
[46]Ebenda, S. 439
[47]Ebenda, S. 414 ff.
[48]Koß 2007, S.125.
[49]Ebenda.
[50]Behrend 2006, S. 65

erhielt jedoch nur 2,37% der Stimmen, was eine Enttäuschung der Erwartungen darstellte[51]. Erst 1997 kam die PDS im Westen erstmals auf Fraktionsstärke, und zwar bei den Kommunalwahlen in Marburg, wo sie 6,2% der Stimmen erhielt[52]. Insgesamt wirkte die Partei für die potenziellen WählerInnen in den alten Bundesländern nicht attraktiv, da sie nach wie vor als „Ostpartei" wahrgenommen wurde[53]. Auch die Nachwirkungen der Rivalität zwischen den beiden Deutschen Staaten und deren Systemen können als Grund angesehen werden, warum die PDS im Westen nicht annähernd so gut etabliert war wie im Gebiet der ehemaligen DDR. Die PDS wurde als Teil jenes Systems wahrgenommen, das Menschenrechtsverletzungen begangen hatte und zum Zeitpunkt der Wiedervereinigung gegenüber der Bundesrepublik Deutschland wirtschaftlich hoffnungslos unterlegen gewesen war[54]. Die BürgerInnen im Westen sahen die PDS also kritisch, da diese mit ihrem Festhalten am Sozialismus das Erbe dieses scheinbar ineffektiven, unterlegenen und unrechtsstaatlichen Systems antrat.

1994 erhielt die PDS trotz eines Wahlergebnisses von nur 4,4% erstmals Sitze im Bundestag, da sie 4 Direktmandate gewinnen konnte[55]. 1998 konnte die PDS das Bundestagswahlergebnis auf 5,1% steigern[56], fiel 2002 jedoch auf 4% zurück[57].

2.1.3 Die Krise der PDS

In den frühen 2000er Jahren schien die PDS ihre bisherigen Wahlerfolge wieder einzubüßen und in einigen Teilen der Wählerschaft die hart erarbeitete Legitimation wieder zu verlieren. Es kann argumentiert werden, dass dies unvermeidlich war, da die Identität der PDS zu paradox geworden war, um auf die potenziellen WählerInnen weiterhin als legitime politische Vertretung zu wirken.

Die Identität der PDS war, wie bereits beschrieben, von vornherein pluralistisch angesetzt. Dies führte jedoch zu internen Schwierigkeiten, die insbesondere nach dem Einzug in den Bundestag und mehrere Landtage sowie kommunale Verwaltungen immer deutlicher wurden. Die PDS war zwar die Nachfolgepartei der SED, ging jedoch auch in Teilen aus der

---

[51]Ebenda.
[52]Koß 2007, S.125.
[53]Ebenda, S. 126.
[54]Ebenda, S.127.
[55]Neugebauer, Gero; Stöss, Richard: Die PDS. Geschichte. Organisation. Wähler. Konkurrenten. Opladen 1996, Leske + Budrich. S.323.
[56]Everts, Carmen: Politischer Extremismus. Theorie und Analyse am Beispiel der Parteien REP und PDS, Berlin 2000: Weißensee Verlag, S. 258
[57]Stöss, Richard; Neugebauer, Gero: Mit einem blauen Auge davon gekommen (sic!). Eine Analyse der Bundestagswahl 2002. Berlin 2002, Arbeitshefte aus dem Otto-Stammer-Zentrum, Nr. 7, S.34.

friedlichen Revolution 1989 hervor, die sich gegen die SED und den von ihr regierten Staat stellte[58]. Formell, ideologisch und programmatisch wie auch personell führte die PDS Traditionen der SED fort, integrierte jedoch von Anfang an auch Personen aus allen linken Gruppen Deutschlands, SozialdemokratInnen und StalinistInnen, Mitglieder von linksradikalen Kleingruppen sowie Autonome[59]. Sie musste also in gewisser Weise die Politik der SED sowohl fortführen als auch den Widerstand gegen diese verkörpern[60]. Es lag in der Natur der Sache, dass die Schaffung einer gemeinsamen Identität und einer für alle vertretbaren Strategie unter diesen Umständen extrem schwierig war.

Dazu kamen die beträchtlichen Unterschiede in der Struktur, Wahrnehmung, und politischen Kultur zwischen Ost - und Westdeutschland.

Das Vertretensein der PDS in Kommunal- und Landesverwaltungen im Osten stand im großen Kontrast zu den ausbleibenden Erfolgen im Westen und machten es nötig, in Ost und West völlig unterschiedliche Strategien zu verfolgen[61].

Bereits in der Anfangszeit der PDS waren interne Konflikte vorhanden gewesen, beispielsweise zwischen StalinistInnen und VerfechterInnen eines konsequenten Antistalinismus[62]. Diese Diskussionen ebbten gegen Ende der 1990er Jahre langsam ab. Dafür entbrannten bald heftige Diskussionen um den Grad der Anpassung an das politische System der Bundesrepublik Deutschland. War 1993 noch der Sozialismus das oberste Ziel des Parteiprogramms gewesen[63], setzten sich zu Beginn der 2000er reformistische bzw. sozialdemokratische Kräfte durch und bildeten die Parteispitze[64]. Das Parteiprogramm wurde angepasst und einige Passagen gestrichen, die vor allem den Parteilinken wichtig gewesen waren. Dies betraf beispielsweise den Vorrang der außerparlamentarischen Arbeit gegenüber der Mitwirkung in Parlamenten und Regierungen, und auch die Analyse des Kapitalismus als Diktatur der Konzerne[65].

Eine weitere Quelle interner Konflikte war das Verhalten der jeweiligen Fraktionen in den Ländern und Kommunen, in welchen die PDS im Landtag und/oder an der Regierung beteiligt war. Während ihrer Beteiligung am rot-roten Senat in Berlin wurde zwischen 2001 und 2006

Thompson, Peter: The crisis of the german left. The PDS, Stalinism and the Global Economy, Oxford/ New York 2005: Berghahn Books, S. 83.
Vgl. Koß 2007, S. 128; Behrend 2006, S. 41 f., S. 46; Neu 2003, S. 45.
[60]Thompson 2005, S. 83
[61]Vgl. Gysi, Gregor: Ein Blick zurück, ein Schritt nach vorn. Hamburg 2001, Hoffmann & Campe, S. 317.
[62]Behrend 2006, S. 42,48.
[63]Ebenda, S.50
[64]Ebenda, S.133
[65]Ebenda, S. 133 f.

eine Politik mitgetragen, die den Wahlversprechungen der PDS widersprach[66]. Bereits die Koalitionsvereinbarung, welcher vonseiten der PDS zugestimmt wurde, enthielt die Streichung von 1500 Arbeitsplätzen im öffentlichen Dienst, Privatisierungen von Eigentum des Landes, die Erhöhung von Steuern und Abgaben für Geringverdienende, sowie ein kostspieliges Bankenschutzprogramm für die Berliner Bankgesellschaft[67]. Während der ersten Legislaturperiode wurde der Doppelhaushalt 2004-2005 verabschiedet, dem die PDS ebenfalls zustimmte. Dieser enthielt

> *„Fahrpreiserhöhungen und die (...) Streichung von Sozialtarifen im Nahverkehr, Steigerung der Kindertagesstättengebühren, Kürzung der Zuschüsse zum Telebus für Behinderte und Halbierung des Blindengeldes, höhere Wasserpreise infolge Teilprivatisierung der Wasserwerke, Streichung der sozialen Künstlerhilfe und Entlassung der Berliner Symphoniker[68] ".*

Gleichzeitig wurden Personalkosten im öffentlichen Dienst durch Stellenabbau und Lohnkürzungen gespart, sowie der Austritt aus der Vereinigung Kommunaler Unternehmer beschlossen, um einer bundesweit geltenden Lohnerhöhung für den öffentlichen Dienst aus dem Wege zu gehen. 2002 beschloss der Berliner Senat, mit 21,6 Milliarden Euro über 30 Jahre für die Berliner Bankengesellschaft zu haften, ein Beschluss, dem außer Freke Over alle PDS-Abgeordneten zustimmten und für den Gregor Gysi gegenüber den Senatsangehörigen Überzeugungsarbeit leistete[69].

Zudem beteiligten sich in Berlin und Schwerin PDS-VertreterInnen an der Durchführung der durch die Agenda 2010 beschlossenen Maßnahmen, obwohl sie weiterhin äußerten, gegen dieses Gesetz zu sein[70].

Aufgrund dieser Verhaltensweisen wurde die PDS von vielen Linken nicht mehr ernst genommen, und es bestand in der öffentlichen Wahrnehmung der Partei kein Unterschied mehr zur SPD[71]. Zwar vertraten nicht alle Mitglieder diesen reformorientierten Kurs, doch die sozialdemokratischen Kräfte schienen den Kurs vorzugeben. Gregor Gysi forderte in der Welt

---

[66]Ebenda, S. 116 ff. ; vgl. auch: Redler, Lucy: Das Verschwinden der WASG. Lehren aus drei Jahren WASG für die Zukunft der LINKEN. Berlin 2012: Sozialistische Alternative (SAV), S.19.
[67]Behrend 2006, S. 116
[68]Ebenda, S. 117.
[69]Ebenda.
[70]Ebenda, S.117 u. 142 f.
[71]Ebenda, S. 122.

am Sonntag vom 14.09.2003 gar eine Fusion mit der SPD[72].

Eine weitere politische Entscheidung der PDS verstärkte die negative Wahrnehmung weiter und sorgte für noch mehr Verunsicherung in der Mitglieder- und WählerInnenbasis. 2005 stimmten die Landtagsabgeordneten bzw. SenatorInnen im Bundesrat über die Ratifizierung des EU-Verfassungsvertrages ab, welcher aus der Sicht seiner linken KritikerInnen eine Militarisierung der Europäischen Union vorsah und der Marktwirtschaft Verfassungsrang zuerkannte[73]. Die PDS-SenatorInnen aus Berlin stimmten zwar mit Nein, gestatteten ihrem Koalitionspartner SPD jedoch, mit Ja zu stimmen, und umgingen damit das Prinzip, dass bei gegenteiligen Auffassungen der Koalitionsparteien bei der Abstimmung eine Enthaltung erfolgt[74]. Damit repräsentierten sie zwar vordergründig die Linie ihrer Partei, taten dies jedoch nicht konsequent oder effektiv. Dieses ungewöhnliche Abstimmungsverhalten wurde von linker Seite als Billigung einer reaktionären EU-Verfassung interpretiert.

Vor dem Hintergrund des langen Prozesses, den die PDS benötigt hatte um nach der Wiedervereinigung in einflussreiche parlamentarische Positionen zu gelangen, ist es möglicherweise verständlich, dass ihre VertreterInnen enorme Zugeständnisse an ihre KoalitionspartnerInnen machten. Diese erreichten jedoch aus Sicht vieler ParteigenossInnen und WählerInnen ein zu großes Ausmaß, in dem die PDS so gut wie alle Maßnahmen mittrug, selbst wenn sie dem eigenen Programm sowie den Wahlversprechungen diametral entgegenstanden. Damit griff sie ihre eigene Legitimation an, denn sie rückte in der öffentlichen Wahrnehmung immer weiter in die Richtung einer zweiten sozialdemokratischen Partei [75]. An einer zweiten sozialdemokratischen Partei besteht jedoch im deutschen Parteiensystem kein dauerhafter Bedarf, und ihr Verhalten zeigte potenziellen linksgerichteten WählerInnen, dass von der PDS keine linke Opposition zur Politik der SPD zu erwarten sei.

Wahlforscher Michael Chrapa schrieb 2000 hierzu:

> *„Die meisten parteitheoretischen Betrachtungen des politischen Systems bestätigen,*
> *dass in modernisierten, hochkomplexen Gesellschaften Parteien nur dann eine*
> *langfristige Chance haben, wenn sie einen besonderen Platz in der politischen*
> *'Bedürfnisstruktur' einnehmen. Anders gesagt: Jede Partei muss tatsächlich*
> *'gebraucht' werden. Für die PDS bedeutet dies, dass ihre Chance in der Besetzung*
> *und Verknüpfung der Felder 'Soziale Gerechtigkeit', 'Modernität' und*

---

[72] Zitiert nach: Behrend 2006, S.134
[73] Ebenda, S. 151 f.
[74] Ebenda, S. 152.
[75] Behrend 2006, S. 130.

Diese Chance wurde aus Sicht vor allem des westdeutschen PDS-Umfelds nicht genutzt. Vor dem Hintergrund der von ihr mitgestalteten politischen Maßnahmen konnte die PDS aus Sicht vieler Mitglieder und SympathisantInnen nicht mehr glaubwürdig mit dem Thema der sozialen Gerechtigkeit identifiziert werden, auch wenn sie beteuerte, zumindest zur humaneren Gestaltung der Kürzungsmaßnahmen beizutragen[77]. Dies führte zu immer mehr internen Verwerfungen. In Mecklenburg-Vorpommern beispielsweise, wo die PDS wie in Berlin an der Landesregierung beteiligt war, hielt der Bad Doberaner PDS-Kreisvorstand fest, die Landespolitik sei nicht mehr vereinbar mit dem Anspruch, eine soziale und solidarische Partei zu sein. Der Vorstand forderte vergebens einen Landesparteitag, auf welchem die Strategie überdacht und notfalls ein Ausstieg aus der Regierungskoalition beschlossen werden könne[78].

In der Folge des Konfliktes um die Identität der PDS der sozialen Gerechtigkeit traten zahlreiche Mitglieder aus, darunter vor allem KünstlerInnen und Intellektuelle[79].

Diese Entwicklung fiel jedoch in eine Zeit, in welcher ein Bedarf an linker Politik bestand und die Aussichten für eine linke Partei trotz aller negativen Konnotationen recht hoch waren. Die SPD, welche seit 1998 an der Bundesregierung beteiligt war, hatte mit dem völkerrechtswidrigen Kosovokrieg und dem Sparpaket „Zukunftsprogramm 2000" die Erwartungen an eine sozialere Politik unter rot-grüner Führung enttäuscht[80].Spätestens aber mit dem Beschluss zur Agenda 2010 war deutlich geworden, dass die SPD sich von klassisch sozialdemokratischen Grundsätzen gelöst und wirtschaftsliberalere Politikstrategien übernommen hatte[81]. Als Folge hiervon verlor die SPD in noch stärkerem Maße als die PDS ihre Glaubwürdigkeit, zumindest in manchen der Bevölkerungsschichten die sie vormals repräsentiert hatte[82]. Für die ArbeiterInnen und Arbeitslosen wurde sie nicht mehr als Partei der sozialen Gerechtigkeit wahrgenommen, was die traditionelle Bindung dieser Gruppen an

---

[76]Chrapa, Michael: Interne Konfliktpotenziale und Modernisierungschance der PDS: Situation, Anforderungen, Optionen. In: Brie, Michael; Woderich, Rudolf (HG): Die PDS im Parteiensystem. Schriften Rosa-Luxemburg-Stiftung, Band 4. Berlin 2000: Karl Dietz Verlag.
[77] Behrend 2006, S. 118.
[78]Ebenda.
[79]Ebenda, S. 138.
[80]Roth, Roland: Ein Jahr Rot-Grün. Ein politischer GAU für die neuen sozialen Bewegungen?, in: Forschungsjournal Neue Soziale Bewegungen, 12. Jahrgang 1999, Heft 4. S. 12 ff.
[81]Nachtwey, Spier 2007. S. 41.
Vgl. auch: Friedrich, Daniel: Die Linkspartei – mehr Schaden als Nutzen? In: Forschungsjournal Neue Soziale Bewegungen, 17. Jahrgang 2004, Heft 3. S. 16.
[82]Ebenda, S. 52.

die SPD lockerte[83]. Gleichzeitig war die Zustimmung zum Prinzip des Wohlfahrtsstaates in der Bevölkerung Deutschlands noch immer sehr hoch[84]. Als Bundeskanzler Gerhard Schröder 2003 die Agenda 2010[85] und damit eine umfassende Aushöhlung des Wohlfahrtsstaates verkündete, entstand daher innerhalb kürzester Zeit eine Protestbewegung mit Großdemonstrationen, regelmäßigen Montagsdemonstrationen und Studierendenstreiks[86]. Die PDS beteiligte sich zwar an diesen Protesten, geriet dadurch jedoch in Erklärungsnot, da sie insbesondere in Berlin die Maßnahmen zur Realisierung von HARTZ IV mittrug[87]. Die Notwendigkeit einer gesamtdeutschen linken Partei wurde nun in großen Teilen der Bevölkerung wahrgenommen.

Um die Protestbewegung nutzen und die Nachfrage nach einer neuen Partei der sozialen Gerechtigkeit bedienen zu können, musste die PDS also ihr Image ändern sowie endlich Anschluss in Westdeutschland finden. Hierin liegt der strategische Zug begründet, den Anschluss zur WASG zu suchen.

2.2 Die Gründe für die Fusion mit der WASG

Durch den Kurswechsel der SPD entstand gewissermaßen eine Lücke im Parteiensystem Deutschlands: Die durchaus großen Teile der Bevölkerung, welche den Erhalt des Sozialstaates befürworteten, waren nun nicht mehr parlamentarisch repräsentiert. Von der FDP bis hin zu den Grünen unterstützte jede in Fraktionsstärke im Bundestag vertretene Partei neoliberale Reformen und den Rückbau des Sozialstaates, wenn auch in unterschiedlichem Ausmaße[88].

Die PDS vermochte diese Lücke jedoch nicht zu füllen, da sie vor allem in Westdeutschland noch immer negativ belastet war und sich durch ihre Regierungsbeteiligung in Berlin das Image verschafft hatte, stärker am Mitregieren interessiert zu sein als an konsequenter Opposition zu neoliberaler Politik. Im Aufruf der Wahlalternative 2006, einem Vorgängerverein der Partei „Wahlalternative Arbeit und Soziale Gerechtigkeit (WASG)", hieß es hierzu, die PDS sei „weder politisch-inhaltlich noch kulturell geeignet", die notwendige Gegenposition einzunehmen[89]. Dies scheint vor allem unter GewerkschafterInnen in

---

[83]Ebenda, S. 39.
[84]Ebenda, S. 33.
[85]Wilke, Baron 2008 S.14.
[86]Behrend 2006, S. 140
[87]Ebenda, S. 142
[88]Vgl. Nachtwey, Spier 2007, S. 51 f.
[89]Vgl. Krämer, Ralf, Für eine Wahlpolitische Alternative 2006, o.O., 15.03.2004, S. 4 f.

Westdeutschland eine verbreitete Meinung gewesen zu sein[90]. Darüber hinaus bestand vonseiten der PDS in Westdeutschland eine große Distanz zu den Gewerkschaften und besonders zu ihren hauptamtlichen FunktionärInnen[91]. Gerade von diesen ging jedoch seit Ende der 1990er-Jahre eine starke Unzufriedenheit mit der Politik der SPD aus, in welcher zu diesem Zeitpunkt noch viele GewerkschafterInnen Mitglieder waren[92]. Infolge der Agenda 2010 organisierten unter anderem gerade Mitglieder der Gewerkschaften den Protest[93], der sich nun gegen die Partei richtete, die ehemals „ihre" Partei gewesen war. Es kam unter GewerkschaftsfunktionärInnen zu Austritten wie auch Parteiausschlüssen aus der SPD[94].

Die AkteurInnen, die nun sehr öffentlichkeitswirksam gegen die SPD, gegen die Agenda 2010 und den staatlichen Sozialabbau protestierten, dachten jedoch nicht daran sich der PDS anzuschließen[95]. Sie sahen darin keine Alternative zur SPD.

Darum gründete sich die WASG, welche im Zuge ihrer Gründung und Parteiwerdung eine hohe mediale Aufmerksamkeit erhielt[96]. Als sie 2005 bei der Landtagswahl in Nordrhein-Westfalen antrat, erzielte sie aus dem Stand 2,2% der WählerInnen-Stimmen, während die PDS nur 0,9% der Stimmen erhielt[97]. Es wurde also erneut sehr deutlich, dass die PDS im Westen das – scheinbar durchaus vorhandene – linke Potenzial nicht für sich nutzen konnte. Zudem stellte die WASG nun auch noch eine Konkurrentin um die sowieso schwer zu erschließenden Stimmen im Westen dar. Wollte die PDS hier endlich Erfolge erzielen, war sie darauf angewiesen mit der WASG zu kooperieren, um die günstige bundespolitische Situation nutzen zu können.

Nach dieser Landtagswahl überschlugen sich die Ereignisse. Da auch die SPD bei der NRW-Landtagswahl 2005 starke Einbußen gemacht hatte[98], stellte Kanzler Gerhard Schröder dem Bundestag die Vertrauensfrage, welche erwartungsgemäß negativ abgestimmt wurde und zu vorgezogenen Neuwahlen im September 2005 führte[99]. Währenddessen war der ehemalige

---

[90]Nachtwey , Oliver: Im Westen was Neues. Die Entstehung der Wahlalternative Arbeit & soziale Gerechtigkeit, in: Spier, Butzlaff, Micus, Walter 2007, S. 165.
[91]Ernst, Klaus; Händel, Thomas; Zimmermann, Katja (Hg): Was war? Was bleibt? Wege in die WASG, Wege in DIE LINKE, Hamburg 2012: VSA Verlag, S. 27.
[92]Friedrich, Daniel: Die Linkspartei – mehr Schaden als Nutzen?, in: Forschungsjournal Neue Soziale Bewegungen, 17. Jg. 2004, Heft 3, S. 18.
[93]Ebenda, S. 19.
[94]Ebenda. Vgl. auch: Ernst, Händel, Zimmermann 2012, S. 23.
[95]Rosa-Luxemburg-Stiftung (RLS). Gesellschaftsanalyse und Politische Bildung e.V (Hg): Bestand: Wahlalternative Arbeit und Soziale Gerechtigkeit (WASG) (2004 bis 2007), Findbücher Band 12, Berlin 2012: Archiv Demokratischer Sozialismus, S. X.
[96]Friedrich 2004, S. 19.
[97]RLS 2012, S. XIV.
[98]Ebenda.
[99]o.V.: Gerhard Schröders zweite Vertrauensfrage, Deutscher Bundestag, Dokumente, Serie Misstrauensvoten, Folge 7 http://www.bundestag.de/dokumente/textarchiv/32714943_misstrauensvotum07/204182 , abgerufen

SPD-Vorsitzende Oskar Lafontaine aus der SPD ausgetreten und hatte angekündigt, sich bei der Bundestagswahl als Kandidat für ein Linksbündnis zwischen WASG und PDS zur Verfügung zu stellen[100]. Auch Gregor Gysi stellte in Aussicht, zu kandidieren, koppelte dies jedoch genau wie Oskar Lafontaine an einen gemeinsamen Wahlantritt[101]. Aus Sicht der PDS waren diese beiden charismatische Persönlichkeiten, deren Kandidatur enorm nützlich und nötig war um wieder in den Bundestag einzuziehen.

Diese Entwicklungen führten zu ersten Gesprächen zwischen den Bundesvorständen der PDS und WASG[102] und eröffneten so den Prozess der Vereinigung der beiden Parteien.

Bevor hierauf jedoch näher eingegangen wird, soll zunächst ein Rückblick auf die Entstehung und Geschichte der WASG vorgenommen werden.

3 Die WASG

3.1. Die Entstehung der WASG

An dieser Stelle soll ein Rückblick vorgenommen werden, um zu erläutern, wie es überhaupt dazu kam, dass es 2005 eine WASG gab die mit der PDS Verhandlungen über eine mögliche Parteienfusion führen konnte.

Wie bereits erwähnt, entstand die WASG aus einer gewerkschaftlichen Oppositionsbewegung zur Politik der Bundesregierung unter Gerhard Schröder. Ihre Entstehung war der Ausdruck einer Entwicklung, in welcher sich große Teile der Gewerkschaften von der SPD entfernt hatten[103]. Diese Entwicklung begann bereits in den späten 1990er-Jahren. Zwar hatten viele GewerkschafterInnen 1998 noch den Wahlkampf der SPD unterstützt und bis 2002 zumindest keinen großen Widerstand geleistet, als die SPD beispielsweise mit den Riester-Reformen den Sozialstaat angriff[104], doch 2003, nach der Ankündigung des Vorhabens Agenda 2010, formierte sich an mehreren Stellen Widerstand. Es entstanden kleine Regionalgruppen, beispielsweise in Berlin und Chemnitz, die in Opposition zur Agenda 2010 standen.[105] Im Herbst 2003 demonstrierten in Berlin rund 10.000 Menschen gegen die Agenda 2010[106]. Ende

---

am 02.08.2017
[100] RLS 2012, S. XIV.
[101] Micus, Matthias: Stärkung des Zentrums. Perspektiven, Risiken und Chancen des Fusionsprozesses von PDS und WASG. In: Spier; Butzlaff; Micus; Walter 2007, S. 191.
[102] RLS 2012, S. XIV.
[103] Friedrich 2004, S. 17 f.
[104] Uellenberg- van Dawen, Wolfgang: Gewerkschaften und Parteien. In: Forschungsjournal Neue Soziale Bewegungen, 22. Jg. 2009, Heft 4, S. 94.
Vgl. auch: Ernst, Händel, Zimmermann 2012, S. 48.
[105] Ernst, Händel, Zimmermann 2012, S. 62.
[106] Ernst, Händel, Zimmermann 2012, S. 62.

2003 und Anfang 2004 entstanden zwei Initiativen, die sich später zur WASG zusammenschließen sollten: Die Initiative „Wahlalternative 2006" und die Initiative für Arbeit und soziale Gerechtigkeit. Erstere entstand in Berlin um Ralf Krämer, welcher Gewerkschaftssekretär der Ver.di[107] war. Er war bis 1999 Mitglied der SPD gewesen und war zu diesem Zeitpunkt in der PDS[108].

Die Gruppe „Wahlalternative 2006" bestand von Anfang an nicht nur aus GewerkschafterInnen, sondern AktivistInnen aus dem gesamten linken und globalisierungskritischen Umfeld[109]. Die Initiative für Arbeit und soziale Gerechtigkeit, kurz ASG, entstand zeitgleich in Bayern. HauptinitiatorInnen waren Thomas Händel, Klaus Ernst, Peter Vetter, Anny Heike und Gerd Lobodda , welche alle Bevollmächtigte der bayerischen IG Metall waren[110], sowie der Hamburger Professor Herbert Schui[111]. Diese kamen alle aus der SPD und vernetzten sich 2003 zunächst zum Zweck einer innerparteilichen Intervention[112]. Diese blieb jedoch ohne Wirkung und führte zudem dazu, dass man sie auf Regionalkonferenzen der SPD nicht mehr sprechen ließ[113].

Daraufhin verfassten sie den Aufruf „Für Arbeit und soziale Gerechtigkeit"[114], in welchem die SPD scharf kritisiert und bei deren Fortführung des aktuellen politischen Kurses die Gründung einer eigenen Partei angedroht wurde[115]. Dieser Aufruf wurde per E-Mail an ca. 200 Personen aus den Gewerkschaften geschickt und war eigentlich nicht für die Öffentlichkeit bestimmt, sondern dazu gedacht die Bildung einer bundesweiten Organisation voran zu bringen, mit welcher man dann geplant an die Öffentlichkeit treten würde[116]. Die Resonanz war jedoch so groß, dass innerhalb weniger Tage die Kommunikationsstruktur der VerfasserInnengruppe des Aufrufs zusammenbrach[117]. Zeitgleich verfasste und verschickte Ralf Krämer den Aufruf „Für eine wahlpolitische Alternative 2006 "[118]. Dieser ging ursprünglich an einen AdressatInnenkreis von ca. 100 Personen[119]. Nachdem beide Papiere verschickt worden waren, nahmen die InitiatorInnen über das Internet Kontakt miteinander

---

[107] Nachtwey 2007, S. 168.
[108] Ebenda, S. 170.
[109] Ebenda.
[110] Ernst, Händel, Zimmermann 2012, S. 22.
[111] Nachtwey 2007, S. 166.
[112] Ebenda, S. 168.
[113] Ebenda.
[114] Ebenda; Ernst, Händel, Zimmermann 2012, S. 49.
[115] Nachtwey 2007, S. 168.
[116] Ebenda; Ernst, Händel, Zimmermann 2012, S. 50.
[117] Nachtwey 2007, S. 168.
[118] Krämer 2004.
[119] Ernst, Händel, Zimmermann 2012, S: 63.

auf[120]. Ralf Krämer lud die Gruppe um Klaus Ernst nach Berlin ein, um ein Sondierungstreffen für einen gemeinsamen Verein abzuhalten[121]. Auf diesem Treffen war ohne das Wissen der IG Metall - VertreterInnen eine Journalistin anwesend, sodass die Überlegungen bezüglich einer Parteineugründung von Ernst und den anderen IG-Metall-FunktionärInnen, welche alle noch in der SPD waren, öffentlich wurden, lange bevor diese das beabsichtigt hatten[122]. Darum und wegen der nicht mehr überschaubaren Masse an Rückmeldungen zu ihrem Aufruf beriefen sie kurz darauf die erste Pressekonferenz der ASG ein[123]. Es folgte ein enormes Medienecho[124]. Klaus Ernst, Thomas Händel, Günter Schachner, Gerd Lobodda, Anny Heike und Peter Vetter[125] wurden ohne vorherige Verhandlung aus der SPD ausgeschlossen[126]. Dies verstärkte wiederum die öffentliche Wahrnehmung der neu entstandenen Initiative[127].

Kurz darauf entstanden bereits die ASG-Regionalgruppen München, Bayern-Nord, NRW, Hessen, Bremen und Schleswig-Holstein-Hamburg[128]. Anfang Mai 2004 gab es ein Treffen von InitiatorInnen und RegionalkoordinatorInnen der Gruppen „Wahlalternative 2006" und ASG. Auf diesem wurde vereinbart, die Organisationsstrukturen gemeinsam aufzubauen[129]. Im Juni 2004 fand in Berlin eine gemeinsame Konferenz mit 700 TeilnehmerInnen statt[130]. Anfang Juli 2004 entstand dann aus den beiden Initiativen der Verein „Wahlalternative Arbeit und soziale Gerechtigkeit"[131]. Der gemeinsame Newsletter hatte zu diesem Zeitpunkt 10.000 AbonnentInnen[132]. Innerhalb weniger Monate war ein deutschlandweit vernetzter Verein entstanden, welcher eine enorme Anziehungskraft auf eine bundesweit wachsende Protestbewegung gegen die Agenda 2010 hatte[133]. Das Ziel des Vereins war zu diesem Zeitpunkt eine Parteigründung[134]. Ausrichtung und Programmatik standen noch nicht fest. Die Aktiven kamen aus Gewerkschaften, linksintellektuellen Milieus oder aus der globalisierungskritischen Protestbewegung und der Nichtregierungsorganisation Attac[135].

---

[120] Nachtwey 2007, S. 173.
[121] Ernst, Händel, Zimmermann 2012, S. 50.
[122] Ebenda.
[123] Nachtwey 2007, S. 168.
[124] Ebenda.
[125] Ebenda, S. 169; Ernst, Händel, Zimmermann 2012, S. 22.
[126] Ernst, Händel, Zimmermann 2012, S. 51.
[127] Ebenda.
[128] Nachtwey 2007, S. 169.
[129] RLS 2012, S. X.
[130] Nachtwey 2007, S. 173.
[131] RLS 2012, S. X.
[132] Nachtwey 2007, S. 173.
[133] RLS 2012, S. X.
[134] Ebenda, S. XI.
[135] Nachtwey 2007, S. 171.

Am ersten November 2004 fand die erste Bundesdelegiertenkonferenz des Vereins statt. Es wurde eine Urabstimmung zur Parteigründung beschlossen[136]. Diese ergab eine Zustimmung von 96% der Mitglieder und so entstand am 22. Januar 2005 die Partei Wahlalternative Arbeit und Soziale Gerechtigkeit[137].

Am Anfang gab es Diskussionen darum, ob die Partei sich als Sozialstaatspartei oder als linke Sammlungsbewegung verstehe [138]. Letzteres wurde von der Mehrheit der Mitglieder bevorzugt[139].

Das Parteiprogramm, das innerhalb weniger Monate nach der Parteigründung entstand, war sehr knapp gehalten und enthielt keine explizit „sozialistischen" Forderungen. Es orientierte sich an der „Leitidee der sozialen Gerechtigkeit" [140] und vermied ideologisch geprägte Formulierungen[141], um der Vielfalt der Mitglieder und der Neuartigkeit der Partei gerecht zu werden. Die WASG war programmatisch gesehen also keine klassische linke Partei. Sie wurde jedoch als linke Partei wahrgenommen, da sie sehr stark in Gewerkschaften und sozialen Bewegungen verankert war[142].

3.2 Die Entwicklung der WASG bis Mai 2005

Der weitere Parteiaufbau fand zunächst mithilfe sogenannter „Regionalkoordinator-Innen" statt[143]. Diese wurden vom Vorstand eingesetzt und waren zumeist Gewerkschafter-Innen. Dies war an manchen Stellen produktiv, an anderen Stellen verursachte es jedoch Probleme. In Berlin wurde der Gewerkschafter Lothar Nätebusch eingesetzt. Die AktivistInnen waren damit nicht einverstanden, da sie dort bereits 2003 eine eigene Basisinitiative ins Leben gerufen und sich dann 2004 der WASG angeschlossen hatten[144]. Das Einsetzen eines Koordinators durch den Vorstand statt einer Wahl durch die Basis widersprach ihrem demokratischen Verständnis, und Nätebusch genoss nicht ihre Unterstützung[145]. Die Folge waren heftige Auseinandersetzungen zwischen Basisgruppe und Bundesvorstand. Da das Vorgehen, RegionalkoordinatorInnen einzusetzen, in Berlin wie auch andernorts heftige Probleme verursacht hatte, ging man in der WASG dazu über, stattdessen in den

---

[136] Ebenda, S. 176.
[137] Ebenda.
[138] Ebenda, S. 177; Ernst, Händel, Zimmermann 2012, S. 37.
[139] Nachtwey 2007, S. 176.
[140] RLS 2012, S. XI.
[141] Nachtwey 2007, S. 180 f.
[142] Redler 2012, S. 12; Ernst, Händel, Zimmermann 2012, S. 38.
[143] Nachtwey 2007, S. 176.
[144] Redler 2012, S. 19.
[145] Ebenda.

Bundesländern Vereinsvorstände wählen zu lassen[146].

Dadurch veränderte sich die Dynamik in der WASG hin zu mehr regionaler Autonomie. Der größte Landesverband, Nordrhein-Westfalen, plante zunächst gegen den Widerstand des gewerkschaftsgeführten Bundesvorstandes[147] einen Antritt bei der Landtagswahl in 2005[148]. Die Vorstandsmitglieder argumentierten mit einer zu hohen finanziellen und organisatorischen Belastung für die noch neue Partei[149]. Dennoch traten die GenossInnen aus NRW an, finanzielle Schwierigkeiten blieben aus[150], und es wurde ein Achtungssieg von 2,2% erzielt[151]. Wie bereits erwähnt, erreichte die PDS nur 0,9%. Dieses Wahlergebnis verdeutlichte, dass die WASG im Westen besser aufgestellt war als die PDS, jedoch alleine nicht genügend Mobilisierungspotenzial besaß um tatsächlich in den Landtag einzuziehen.

Noch an diesem Abend kündigte Kanzler Gerhard Schröder an, dem Parlament die Vertrauensfrage zu stellen, womit er de facto vorgezogene Neuwahlen für den September 2005 verkündete[152]. Damit wurde die WASG unter einen enormen Druck gesetzt, da die gesamte Parteigründung ja auf einen Wahlantritt bei der Bundestagswahl 2006 ausgerichtet gewesen war[153]. Der hierfür erforderliche Wahlkampf wirkte nun überwältigend auf die WASG-Mitglieder, vor allem in Nordrhein-Westfalen, da er nun im Schnellverfahren und mit nach der Landtagswahl leeren Kassen geführt werden zu müssen schien[154].

Am 24. Mai 2005, zwei Tage nach der Landtagswahl, folgte der bereits erwähnte Austritt Lafontaines aus der SPD und seine Ankündigung für ein Bündnis aus PDS und WASG zu kandidieren.

3.3 Die Fusionspläne

Strategisch gesehen war es zu diesem Zeitpunkt das einzig Sinnvolle für die WASG, mit der PDS gemeinsam zu kandidieren. Denn obwohl sie im Westen viele Mitglieder hatte, konnte sie in den neuen Bundesländern kaum Fuß fassen, was unter anderem am geringen Grad der gewerkschaftlichen Organisation in diesen Gebieten lag[155]. Währenddessen war die PDS dort

---

[146] Nachtwey 2007, S. 177.
[147] Ernst, Händel, Zimmermann 2012, S, 27.
[148] Nachtwey 2007, S. 177.
[149] Ernst, Händel, Zimmermann 2012, S. 53.
[150] Ebenda, S. 101.
[151] RLS 2012, S. XIII.
[152] o.V.: Gerhard Schröders zweite Vertrauensfrage, Deutscher Bundestag, Dokumente, Serie Misstrauensvoten, Folge 7 http://www.bundestag.de/dokumente/textarchiv/32714943_misstrauensvotum07/204182 abgerufen am 28.08.2017.
[153] Ernst, Händel, Zimmermann 2012, S 65.
[154] Ebenda, S. 85.
[155] Nachtwey 2007, S. 177.

weitaus etablierter als im Westen. Beide Parteien hatten demnach das Potenzial, die gegenseitigen Schwächen auszugleichen und eine gesamtdeutsche linke Partei zu gründen.

Es gab jedoch in PDS und WASG auch starke Vorbehalte gegen die jeweils andere Partei. Vonseiten der WASG wurde befürchtet, man werde von der personell und finanziell viel besser ausgestatteten PDS vereinnahmt und könne aufgrund des stärkeren Apparates der PDS die Fusion nicht gleichberechtigt mitgestalten[156].

In der PDS hingegen fürchtete man um einen Verlust der eigenen ostdeutschen und sozialistischen Identität, wenn man mit der vornehmlich westdeutschen WASG fusionieren würde[157], die kein explizit sozialistisches Programm hatte.

Dennoch fand bereits am 30. Mai 2005, wenige Tage nachdem Gysi und Lafontaine ihre Kandidaturen angeboten hatten, das erste offizielle Gespräch zwischen den Bundesvorständen von PDS und WASG statt[158]. Bei diesem wurde festgehalten, dass sich die PDS zunächst in Linkspartei.PDS umbenennen und für die kommende Bundestagswahl die Kandidatur von WASG-KandidatInnen auf ihren Landeslisten ermöglichen werde[159].

Am 10. Juni kündigten Gregor Gysi und Oskar Lafontaine ihren Antritt für das Linksbündnis öffentlich an[160].

Am 17. Juni 2005 wurde das Kooperationsabkommen I durch Lothar Bisky von der PDS und Klaus Ernst von der WASG unterzeichnet. Dieses schlug eine Parteivereinigung über den Zeitraum von zwei Jahren vor[161].

Unter den WASG - Mitgliedern wurde eine Befragung durchgeführt, bei der 82% den gemeinsamen Wahlantritt und 85% die Fusionsperspektive unterstützten[162]. Im Juli 2005 fand der 9. Parteitag der PDS statt, bei dem ebenfalls abgestimmt wurde. 75% der Delegierten befürworteten die Umbenennung in Linkspartei.PDS und das Wahlbündnis mit der WASG[163].

---

[156] Butzlaff, Felix: Als David gegen die Goliaths? Der Wahlkampf der Linkspartei zwischen Protest und Alternative. In: Spier, Butzlaff, Micus, Walter 2007. S. 243.
[157] Micus 2007, S. 192.
[158] RLS 2012, S. XIV.
[159] Ebenda.
[160] o.V., Auf dem Weg zur neuen Linken – eine Chronologie, o.J., o.O., Archiv der Partei DIE LINKE, https://archiv2017.die-linke.de/partei/geschichte/auf-dem-weg-zur-neuen-linken-eine-chronologie/, abgerufen am 17.08.2017.
[161] RLS 2012, S. XIV.
[162] Ebenda, S. XV; Micus 2007, S. 192.
[163] Ebenda.

4 Die Parteifusion

4.1 Der gemeinsame Antritt zur Bundestagswahl 2005

Unter dem Druck der baldigen Bundestagswahl nahm der Fusionsprozess sehr schnell konkrete Formen an. Im Kooperationsabkommen II vom vierten August 2005 wurde die Durchführung gemeinsamer gesellschaftspolitischer Foren zum Zweck programmatischer Debatten festgelegt[164]. Darüber hinaus wurden eine Steuerungsgruppe sowie diverse Fachgruppen mit Mitgliedern beider Parteien gegründet, in welchen die Gründungsdokumente sowie die außenpolitischen Positionen erarbeitet werden sollten[165]. Am 27. August beschloss der Bundesparteitag der Linkspartei.PDS das Wahlprogramm zur Bundestagswahl mit dem Titel „Gemeinsam für eine neue soziale Idee"[166].

Die Parteifusion wurde in dieser Phase vor allem durch SpitzenpolitikerInnen gesteuert. Diese bestimmten den Zeitplan, legten die Schwerpunkte der Foren fest und forderten örtliche Gliederungen zur Unterzeichnung gemeinsamer Vereinbarungen auf[167].

Auf allen Landeslisten der Linkspartei.PDS für die Bundestagswahl wurden neben den eigenen GenossInnen auch VertreterInnen der WASG als KandidatInnen gewählt[168]. Allerdings wurde auch die Listenbildung von den Parteispitzen stark beeinflusst, indem diese mithilfe einer Personalkommission geeignete KandidatInnen auswählten für welche auf den Landeslisten Plätze freigehalten werden mussten[169]. Darüber hinaus wurden bereits vor den Wahlen eine Geschäfts- und Finanzordnung für die zukünftige Fraktion beschlossen und die potenziellen ParlamentarierInnen bereits im Vorfeld der Wahlen zusammengeführt, um sich kennen zu lernen[170].

Am Wahltag des 18. Septembers 2005 wurde die Linkspartei.PDS mit 8,7% gewählt und zog damit erstmals seit 1998 wieder in Fraktionsstärke in den Bundestag ein[171].

---

[164] Micus 2007, S. 207.

[165] Ebenda.

[166] o.V., Auf dem Weg zur neuen Linken – eine Chronologie, o.J., o.O., Archiv der Partei DIE LINKE, https://archiv2017.die-linke.de/partei/geschichte/auf-dem-weg-zur-neuen-linken-eine-chronologie/ , abgerufen am 17.08.2017.

[167] Micus 2007, S. 207.

[168] o.V., Auf dem Weg zur neuen Linken – eine Chronologie, o.J., o.O., Archiv der Partei DIE LINKE, https://archiv2017.die-linke.de/partei/geschichte/auf-dem-weg-zur-neuen-linken-eine-chronologie/ , abgerufen am 17.08.2017.

[169] Micus 2007, S. 209.

[170] Ebenda, S. 210.

[171] o.V., Auf dem Weg zur neuen Linken – eine Chronologie, Archiv der Partei DIE LINKE, https://archiv2017.die-linke.de/partei/geschichte/auf-dem-weg-zur-neuen-linken-eine-chronologie/ , abgerufen am 17.08.2017.

4.2 September 2005 bis Juni 2007: Der Gründungsprozess der Partei DIE LINKE

Der bisherige Verlauf der Fusion war, beschleunigt durch den Druck der vorgezogenen Bundestagswahl, diszipliniert und zügig vonstatten gegangen. Nun gab es eine gemeinsame Bundestagsfraktion mit 54 Abgeordneten[172]. Das weitere Vorgehen bestand darin, aus einer gemeinsamen Bundestagsfraktion eine gemeinsame Partei zu machen[173].

Trotz der hohen Zustimmung zur Fusion gab es jedoch nach wie vor Mitglieder der WASG, welche starke Vorbehalte gegenüber der PDS hatten. Dies wurde vor allem in Berlin und Mecklenburg-Vorpommern deutlich. In Berlin trat die örtliche WASG am 17. September 2006 gegen den Willen ihres Bundesvorstandes eigenständig bei den Wahlen zum Abgeordnetenhaus an[174]. Der Anritt wurde durch den Bundesvorstand durch einen Beschluss auf dem Bundesparteitag 2006 sowie durch administrative Maßnahmen zu verhindern versucht[175]. Die administrativen Maßnahmen, zu denen beispielsweise die Amtsenthebung des Landesvorstands gehörte, wurden jedoch in einem Prozess vor dem Berliner Landgericht als ungerechtfertigt bezeichnet und außer Kraft gesetzt[176]. Im Vorfeld des eigenständigen Wahlantritts der Berliner WASG hatte es im Rahmen der regionalen gemeinsamen Foren starke Kontroversen gegeben[177]. Aus Sicht der Berliner WASG gab es zu diesem Zeitpunkt nicht genügend inhaltliche Übereinstimmung für einen gemeinsamen Wahlantritt. Die WASG hatte mit einem Ergebnis von 2,9% der Stimmen jedoch deutlich weniger Erfolg als die Linkspartei.PDS, welche 13,4% der Stimmen erreichte[178].

Auch in Mecklenburg-Vorpommern gab es interne Streitigkeiten um einen gemeinsamen Antritt zu den Landtagswahlen 2006,[179] welche in einem getrennten Antritt und einer Wahlniederlage für die dortige WASG resultierten[180].

Diese Konflikte waren unter Anderem Ausdruck eines Widerspruches, der interessanterweise Parallelen zu den anfänglichen Kontroversen innerhalb der PDS aufweist: So wie die PDS

---

[172] o.V.: Sitzverteilung im 16. Deutschen Bundestag. Bundeszentrale für politische Bildung, http://www.bpb.de/nachschlagen/zahlen-und-fakten/bundestagswahlen/55620/sitzverteilung, abgerufen am 20.08.2017
[173] Redler 2012, S. 35.
[174] Ebenda, S.22.
[175] Ebenda, S. 27.
[176] Ebenda, S. 29.
[177] Ebenda, S. 21.
[178] o.V., Auf dem Weg zur neuen Linken – eine Chronologie, o.J., o.O., Archiv der Partei DIE LINKE, https://archiv2017.die-linke.de/partei/geschichte/auf-dem-weg-zur-neuen-linken-eine-chronologie/ , abgerufen am 17.08.2017.
[179] Micus 2007, S. 214.
[180] o.V., Auf dem Weg zur neuen Linken – eine Chronologie, o.J., o.O., Archiv der Partei DIE LINKE, https://archiv2017.die-linke.de/partei/geschichte/auf-dem-weg-zur-neuen-linken-eine-chronologie/ , abgerufen am 17.08.2017.

sowohl aus der SED wie auch aus der Widerstandsbewegung gegen die SED entstanden war und anfangs beide Elemente integrieren musste[181], so war die WASG ja in Scharfer Kritik zur PDS gegründet worden[182] und musste nun mit ihr kooperieren. Besonders in Berlin hatten sich viele Mitglieder mit dem expliziten Ziel, bei der Wahl zum Abgeordnetenhaus 2006 eine Alternative zur PDS zu sein[183], der Wahlalternative angeschlossen, da sie die Politik des rot-roten Senats scharf verurteilten[184]. Es musste also mehr oder weniger zwangsläufig zu Konflikten kommen.

Unterdessen hatten die Spitzen beider Parteien weiterhin mit Druck an der Fusion gearbeitet. Auf dem 10. Parteitag der Linkspartei.PDS wurden programmatische Debatten für die gemeinsame Partei geführt und eine gemeinsame Mindestlohnkampagne beschlossen[185]. Es entstand ein Entwurf für „Programmatische Eckpunkte". Im Mai forderte Lothar Bisky die Mitglieder der Linkspartei.PDS auf, diesen gründlich zu diskutieren. Am 6. Juni 2006 wurde der „Aufruf zur Gründung einer neuen Linken[186]" veröffentlicht. In diesem wurden inhaltliche Kernpunkte des zukünftigen Parteiprogrammes vorweggenommen, beispielsweise der Bezug zum „Demokratischen Sozialismus"[187].

Die „Programmatischen Eckpunkte" wurden auf einem Programmkonvent weiterentwickelt und auf einer gemeinsamen Vorstandssitzung am 22. Oktober 2006 verabschiedet[188]. Gemeinsam mit dem ebenfalls dort verabschiedeten Satzungsentwurf konnten sie auf zahlreichen Regionalkonferenzen von Mitgliedern beider Parteien diskutiert werden. Nach weiteren Ergänzungen durch Vorstand und Gremien wurden auf einer gemeinsamen Vorstandssitzung am 10. Dezember 2006 die Gründungsdokumente beschlossen, darunter die „Programmatischen Eckpunkte", die Satzung, Schiedsordnung, Finanzordnung und der Namensvorschlag für die neue Partei[189]. Auf den parallel tagenden Parteitagen am 24. und 25. März 2006 wurden die Gründungsdokumente der neuen Partei DIE LINKE mit einer Zustimmung von 96,6% bei den Delegierten der Linkspartei.PDS und von 87,7% bei den

---

[181] Thompson 2005, S. 83.

[182] Nachtwey 2007, S. 179.

[183] Redler 2012, S. 19.

[184] Ebenda, S. 20.

[185] o.V., Auf dem Weg zur neuen Linken – eine Chronologie, Archiv der Partei DIE LINKE, https://archiv2017.die-linke.de/partei/geschichte/auf-dem-weg-zur-neuen-linken-eine-chronologie/ , abgerufen am 20.08.2017.

[186] Bisky, Lothar/ Ernst, Klaus/ Gysi, Gregor/ Kipping, Katja/ Lafontaine, Oskar/ Weck, Felicitas: Aufruf zur Gründung einer neuen Linken, o.O. 2006, http://www.dielinke-muelheim-ruhr.de/uploads/media/Sitzungsprotokolle_2006_01.pdf, abgerufen am 17.08.2017.

[187] Micus 2007, S. 200.

[188] o.V., Auf dem Weg zur neuen Linken – eine Chronologie, Archiv der Partei DIE LINKE, https://archiv2017.die-linke.de/partei/geschichte/auf-dem-weg-zur-neuen-linken-eine-chronologie/ , abgerufen am 20.08.2017.

[189] Ebenda.

Delegierten der WASG angenommen. Darüber hinaus wurde eine Urabstimmung über die Verschmelzung der Parteien durchgeführt, die eine ähnliche Zustimmung der Mitglieder ergab[190].

Am 15. und 16. Juni fand schließlich der entscheidende Parteitag statt, auf welchem DIE LINKE gegründet wurde. Während die Parteien am 15. Juni noch getrennt tagten, waren sie am 16. Juni offiziell und rechtsgültig Mitglieder derselben Partei[191].

Als Vorsitzende der neuen Partei wurden Lothar Bisky und Oskar Lafontaine gewählt[192].

Beim Gründungsparteitag waren VertreterInnen linker Parteien aus 50 Ländern anwesend, weitere VertreterInnen hatten schriftliche Grußworte gesendet. Die Gründung der ersten wirklich gesamtdeutschen linken Partei in der wiedervereinigten Bundesrepublik erhielt internationale Unterstützung[193].

Die RednerInnen sprachen von einem anstrengenden, aber fairen Prozess, der zu dieser Parteigründung geführt hatte und lobten die Bemühungen beider Ursprungsparteien[194].

4.3 Die Bedeutung der Partei DIE LINKE für das Parteiensystem der Bundesrepublik Deutschland

Die Gründung der Partei DIE LINKE kann als „historischer Einschnitt" in der Parteiengeschichte der Bundesrepublik Deutschland bezeichnet werden[195]. Seit dem gemeinsamen Wahlantritt unter dem Namen Linkspartei.PDS bei der Bundestagswahl 2005 konnte die neue Partei dauerhaft Erfolge verzeichnen, welche zuvor sehr unwahrscheinlich erschienen waren. DIE LINKE war ununterbrochen in Fraktionsstärke im deutschen Bundestag vertreten[196] und wurde in zahlreiche Landtage und kommunale Verwaltungen

---

[190] Ebenda.

[191] Ebenda; o.V.: Gründungsbeschluss der Partei DIE LINKE. In: Disput. Mitgliederzeitschrift der Partei DIE LINKE. 17. Jahrgang 2007, Heft 6, S.33.

[192] o.V.: Gründungsbeschluss der Partei DIE LINKE. In: Disput. Mitgliederzeitschrift der Partei DIE LINKE. 17. Jahrgang 2007, Heft 6, S.34.

[193] Gysi, Gregor: Seit heute früh null Uhr sind wir alle Mitglieder einer Partei. Rede zur Eröffnung. In: Ebenda, S. 3.

[194] Bisky, Lothar: Eine Herausforderung für uns, eine Herausforderung für die Gesellschaft. Rede. In: Ebenda, S. 8.

[195] Nachtwey, Spier 2007, S. 14; Haug, Wolfgang Fritz: Editorial. In: Das Argument. Zeitschrift für Philosophie und Sozialwissenschaften. 49. Jahrgang 2007, Heft 3, S. 319.

[196] o.V.: Sitzverteilung im 16. Deutschen Bundestag. Bundeszentrale für politische Bildung, http://www.bpb.de/nachschlagen/zahlen-und-fakten/bundestagswahlen/55620/sitzverteilung, abgerufen am 20.08.2017; o.V., Sitzverteilung im 17. Deutschen Bundestag. Ebenda, http://www.bpb.de/nachschlagen/zahlen-und-fakten/bundestagswahlen/55578/sitzverteilung-2009, abgerufen am 20.08.2017; o.V., Sitzverteilung im 18. Deutschen Bundestag. Ebenda, http://www.bpb.de/nachschlagen/zahlen-und-fakten/bundestagswahlen/205665/sitzverteilung, abgerufen am 20.08.2017.

gewählt[197], sowohl im Osten als auch im Westen Deutschlands. Sie ist in 10 der 16 deutschen Länderparlamente vertreten[198]. In Berlin, Brandenburg und Thüringen ist DIE LINKE an Landesregierungen beteiligt[199]. Sie ist derzeit mit 64 Abgeordneten im Bundestag und mit sieben Abgeordneten im Europaparlament vertreten[200].

DIE LINKE besetzt ihre Wahllisten mindestens zur Hälfte mit Frauen[201] und entsendet im Verhältnis zu ihrer Abgeordnetenzahl so viele Frauen in die Parlamente wie keine andere deutsche Partei[202]. Zehn Jahre nach ihrer Gründung 2007 hat DIE LINKE fast 60 000 Mitglieder[203] und es kann mit Fug und Recht behauptet werden, dass sie die deutsche Parteienlandschaft von einem stabilen Vierparteiensystem zu einem Fünfparteiensystem transformiert hat[204].

Es bleibt abzuwarten, ob DIE LINKE bei der zukünftigen Wahlen an ihre bisherigen Erfolge anknüpfen kann oder ob sie inzwischen wieder an Mobilisierungspotenzial eingebüßt hat. Klar ist jedoch, dass allein ihre Existenz und die Anerkennung ihrer Existenz durch alle Parteien und Medien der Bundesrepublik Deutschland eine Errungenschaft ist, die angesichts der deutschen Parteiengeschichte nicht selbstverständlich genannt werden kann.

5 Fazit: DIE LINKE als neuartige Partei?

DIE LINKE hat die schwierige Aufgabe bewältigt, eine neue Identität aus zwei gegensätzlichen Identitäten zu entwickeln. Dennoch ist sie mehr als die Summe ihrer Teile.

Sie hat den regionalen Charakter abgelegt, der vor der Parteienfusion sowohl die PDS als auch die WASG auf ein eingegrenztes Wirkungsgebiet festlegte. Sie hat zwei Parteien mit jeweils paradoxen Identitäten – die PDS mit ihrem Spagat zwischen SED-Opposition und - Nachfolge sowie die WASG mit ihrem Spagat zwischen Opposition gegen die PDS und Kooperationsabsichten mit der PDS – erfolgreich zu einer einzigen Partei zusammengebracht.

---

[197] o.V.: DIE LINKE in Zahlen. Homepage der Partei DIE LINKE, https://www.die-linke.de/partei/ueber-uns/, abgerufen am 20.08.2017.
[198] o.V.: Landesparlamente und Landesregierungen in Deutschland. http://www.election.de/ltw_reg.html , abgerufen am 21.08.2017
[199] o.V.: Erste rot-rot-grüne Landesregierung. Homepage des Thüringer Landesverbandes der Partei DIE LINKE, http://www.die-linke-thueringen.de/landesregierung/, abgerufen am 20.08.2017; o.V.: DIE LINKE in Regierungsverantwortung, Homepage des Brandenburger Landesverbandes der Partei DIE LINKE, http://www.dielinke-brandenburg.de/linke_minister/, abgerufen am 20.08.2017; o.V.: Landesparlamente und Landesregierungen in Deutschland. http://www.election.de/ltw_reg.html
[200] o.V.: Abgeordnete in den Parlamenten. Homepage der Partei DIE LINKE, https://www.die-linke.de/partei/ueber-uns/abgeordnete-in-den-parlamenten/, abgerufen am 20.08.2017.
[201] Disput. Mitgliederzeitschrift der Partei DIE LINKE, 27. Jahrgang 2017, Heft 5, S. 9.
[202] Ebenda, S. 6.
[203] Ebenda.
[204] Niedermayer, Oskar: Die Entwicklung des Bundesdeutschen Parteiensystems. In: Decker, Frank/ Neu, Viola: Handbuch der deutschen Parteien. Wiesbaden 2007: VS Verlag, S. 131.

Zudem hat sie zwei Parteien, deren Entstehungen Ausdruck von zwei tiefen gesellschaftlichen Veränderungen in der Bundesrepublik Deutschland waren, eine gewisse Zeitlosigkeit verliehen: Die Entstehung der PDS war eine Folge der deutschen Wiedervereinigung und entstand, um jene zu vertreten, die bei dieser gesamtgesellschaftlichen Umstrukturierung benachteiligt wurden. Die WASG entstand infolge eines Sozialabbaus von bisher unbekanntem Ausmaß, welcher ausgerechnet von einer rot-grünen Bundesregierung durchgeführt wurde. Und auch sie hatte den Anspruch, jene zu vertreten die nun benachteiligt waren und keine Vertretung mehr hatten. Die Identitäten der beiden Parteien waren unmittelbar mit diesen konkreten politischen Umständen verbunden – die PDS galt als „Regionalpartei Ost" und die WASG als „Anti-HARTZ-IV-Partei". DIE LINKE wird jedoch nicht auf einen einzelnen inhaltlichen Schwerpunkt reduziert.

Diese Parteien zu einer Einzigen zu verschmelzen war sicherlich nicht einfach, und die Partei DIE LINKE ist heute alles andere als ein Hort perfekter Einigkeit. Noch immer kommen grundsätzliche Konflikte zwischen GenossInnen vor, insbesondere zwischen westdeutschen Linken, die mehr zur Prinzipientreue auf Kosten der Koalitionsfähigkeit neigen, und ihren ostdeutschen GenossInnen, welche grundsätzlich kompromissbereiter und stärker auf die Beteiligung an Regierungen hin orientiert sind. Doch die Partei DIE LINKE wirkt als eigenständige und selbstbewusste Kraft. Sie wird nicht mehr auf einzelne Gebiete oder Ereignisse reduziert, sondern ist eine gesamtdeutsche Partei mit umfassenden politischen Zielen, Parlaments- und Regierungserfahrungen, vielen klugen und charismatischen PolitikerInnen und einer stabilen Legitimität.

In der vorliegenden Bachelorarbeit wurde die Entstehungsgeschichte, die zur Gründung der Partei DIE LINKE führte, wiedergegeben. Zunächst wurden die Hintergründe und Prozesse benannt, die zur Gründung und einer gewissen Etablierung der PDS führten. Dann wurden die Gründe benannt, warum diese in eine Krise geriet und was ihre PolitikerInnen dazu veranlasste, den Schulterschluss mit der WASG zu suchen.

Im Anschluss wurde die Entstehung und Entwicklung der WASG vor und während dem Fusionsprozess mit der PDS beleuchtet. Unter Beachtung eines möglichst breiten Spektrums von Meinungen und Informationsquellen wurde versucht, diese Prozesse zu analysieren. Schließlich wurde herausgearbeitet, dass die Gründung der Partei DIE LINKE durchaus einen Erfolg darstellte, da sie das bundesdeutsche Parteiensystem nachhaltig verändert hat.

Dennoch konnte natürlich nur eine sehr begrenzte Analyse erfolgen. Aufgrund des Umfangs dieser Arbeit konnten selbstverständlich nicht alle Meinungen und Konfliktlinien beleuchtet werden, welche innerhalb und außerhalb der Parteien von Bedeutung waren und sind.

Sinnvoll wäre es gewesen, auch die Pressestimmen zu den jeweiligen Parteigründungen, - Entwicklungen und der Parteienfusion zu beachten, um ein umfassendes Bild der öffentlichen Wahrnehmung der jeweiligen Partei zu erhalten.

Auch musste die Frage außen vor gelassen werden, welche konkreten politischen Erfolge in Form von Gesetzesänderungen oder gesellschaftlichen Impulsen durch PDS, WASG und schließlich DIE LINKE erzielt werden konnten. Dies wäre ebenfalls ein wichtiger Indikator für den Erfolg der jeweiligen Partei gewesen und hätte ebenfalls zu einer umfassenderen Einschätzung der Bedeutung dieser Parteien beigetragen.

Dennoch ist die Autorin der Meinung, eine durchdachte und ausgewogene Analyse vollzogen und die Forschungsliteratur gut ausgewählt zu haben. Die Analysen von ParteienforscherInnen fanden ebenso Beachtung wie die Publikationen von PolitikerInnen, Zeitschriften und Publikationen mit engem Bezug zu den Parteien wurden ebenso konsultiert wie jene ohne diesen Bezug. Die Einschätzung, zur PDS gebe es mehr wissenschaftliche Forschungsliteratur als zur WASG, hat sich als richtig erwiesen. Dementsprechend wurde versucht, die vorhandene Forschungsliteratur zur WASG zu beachten und etwaige Lücken mit den vorhandenen Erfahrungsberichten der beteiligten PolitikerInnen zu ergänzen.

Zuletzt soll noch einmal betont werden, dass es sich bei dem gewählten Thema um einen sehr kontrovers diskutierten Sachverhalt handelt. Fast jegliche Literatur war in irgendeiner Form von subjektiven Meinungen zu den jeweiligen Parteien und zu linker Politik an sich geprägt. An manchen Stellen mussten aus scheinbar völlig gegensätzlichen Einschätzungen verschiedener AutorInnen Symbiosen gebildet werden. Es bleibt zu hoffen, dass diese fast schon dialektische Interpretationsarbeit erfolgreich war, und ein ausgewogener Überblick zur Vereinigung der Parteien PDS und WASG zur neuen Partei DIE LINKE entstanden ist.

Abkürzungen

ASG	Initiative Arbeit und Soziale Gerechtigkeit
bpb	Bundeszentrale für politische Bildung
BWK	Bund Westdeutscher Kommunisten
DDR	Deutsche Demokratische Republik
DKP	Deutsche Kommunistische Partei
Hg.	HerausgeberIn(nen)
IG Metall	Industriegewerkschaft Metall
KPD	Kommunistische Partei Deutschlands
KPF	Kommunistische Plattform
NRW	Nordrhein-Westfalen
PDS	Partei des Demokratischen Sozialismus
o.O.	Ohne Ort
o.V.	Ohne VerfasserIn
RLS	Rosa-Luxemburg-Stiftung
S.	Seite
SED	Sozialistische Einheitspartei Deutschlands
SPD	Sozialdemokratische Partei Deutschlands
Ver.di	Vereinte Dienstleistungsgewerkschaft
Vgl.	Vergleiche

Literatur

Bücher

- Behrend, Manfred: Eine Geschichte der PDS. Von der zerbröckelnden Staatspartei zur Linkspartei, Köln 2006: Neuer ISP Verlag GmbH
- Ernst, Klaus; Händel, Thomas; Zimmermann, Katja (Hg): Was war? Was bleibt? Wege in die WASG, Wege in DIE LINKE, Hamburg 2012: VSA Verlag
- Everts, Carmen: Politischer Extremismus. Theorie und Analyse am Beispiel der Parteien REP und PDS, Berlin 2000: Weißensee Verlag
- Gysi, Gregor: Ein Blick zurück, ein Schritt nach vorn. Hamburg 2001, Hoffmann & Campe
- Kost, Andreas; Rellecke, Werner; Weber, Reinhold (Hg): Parteien in den deutschen Ländern. Geschichte und Gegenwart. Beck'sche Reihe, München 2010: C.H. Beck
- Kritzer, Peter: Kurze Programmgeschichte der deutschen Arbeiterbewegung. München 1972: Ehrenwirth Verlag KG
- Neu, Viola: Das Janusgesicht der PDS. Extremismus und Demokratie, Band 9, Baden-Baden 2003: Nomos Verlagsgesellschaft
- Neugebauer, Gero; Stöss, Richard: Die PDS. Geschichte. Organisation. Wähler. Konkurrenten. Opladen 1996, Leske + Budrich
- Redler, Lucy: Das Verschwinden der WASG. Lehren aus drei Jahren WASG für die Zukunft der LINKEN. Berlin 2012: Sozialistische Alternative (SAV)
- Rosa-Luxemburg-Stiftung (RLS). Gesellschaftsanalyse und Politische Bildung e.V (Hg): Bestand: Wahlalternative Arbeit und Soziale Gerechtigkeit (WASG) (2004 bis 2007), Findbücher Band 12, Berlin 2012: Archiv Demokratischer Sozialismus
- Thompson, Peter: The crisis of the german left. The PDS, Stalinism and the Global Economy, Oxford/ New York 2005: Berghahn Books
- Wilke, Manfred; Baron, Udo: Die Linke. Entstehung – Entwicklung – Geschichte. Sankt Augustin/ Berlin 2008, Konrad-Adenauer-Stiftung

Artikel in Sammelbänden

- Butzlaff, Felix: Als David gegen die Goliaths? Der Wahlkampf der Linkspartei zwischen Protest und Alternative. In: Spier, Tim; Butzlaff, Felix; Micus, Matthias; Walter, Frank (Hg): Die Linkspartei. Zeitgemäße Idee oder Bündnis ohne Zukunft?, Wiesbaden 2007: VS Verlag für Sozialwissenschaften
- Chrapa, Michael: Interne Konfliktpotenziale und Modernisierungschance der PDS: Situation, Anforderungen, Optionen. In: Brie, Michael; Woderich, Rudolf (HG): Die PDS im Parteiensystem. Schriften Rosa-Luxemburg-Stiftung, Band 4. Berlin 2000: Karl Dietz Verlag
- Koß, Michael: Durch die Krise zum Erfolg? Die PDS und ihr langer Weg nach Westen, in: Spier, Butzlaff, Micus, Walter 2007
- Micus, Matthias: Stärkung des Zentrums. Perspektiven, Risiken und Chancen des Fusionsprozesses von PDS und WASG. In: Spier; Butzlaff; Micus; Walter 2007
- Nachtwey, Oliver; Spier, Tim: Günstige Gelegenheit? Die sozialen und politischen Entstehungshintergründe der Linkspartei, in: Spier, Butzlaff, Micus, Walter 2007

- Nachtwey, Oliver: Im Westen was Neues. Die Entstehung der Wahlalternative Arbeit & soziale Gerechtigkeit, In: Spier, Butzlaff, Micus, Walter 2007
- Niedermayer, Oskar: Die Entwicklung des Bundesdeutschen Parteiensystems. In: Decker, Frank/ Neu, Viola: Handbuch der deutschen Parteien. Wiesbaden 2007: VS Verlag

Artikel in Zeitschriften

- Bisky, Lothar: Eine Herausforderung für uns, eine Herausforderung für die Gesellschaft. Rede. In: Disput. Mitgliederzeitschrift der Partei DIE LINKE. 17. Jahrgang 2007, Heft 6
- Gysi, Gregor: Seit heute früh null Uhr sind wir alle Mitglieder einer Partei. Rede zur Eröffnung. In: Disput. Mitgliederzeitschrift der Partei DIE LINKE. 17. Jahrgang 2007, Heft 6
- Haug, Frigga: Männerfäuste mit Schwielen. In: Disput. Mitgliederzeitschrift der Partei DIE LINKE, 27. Jahrgang 2017, Heft 5
- Haug, Wolfgang Fritz: Editorial. In: Das Argument. Zeitschrift für Philosophie und Sozialwissenschaften. 49. Jahrgang 2007, Heft 3
- Friedrich, Daniel: Die Linkspartei – mehr Schaden als Nutzen? In: Forschungsjournal Neue Soziale Bewegungen, 17. Jahrgang 2004, Heft 3
- Neller, Katja; Thaidigmann, Isabell: Das Vertretenheitsgefühl der Ostdeutschen durch die PDS: DDR-Nostalgie und andere Erklärungsformen im Vergleich, in: Politische Vierteljahresschrift, 43. Jahrgang 2002, Heft 3
- Pappi, Franz Urban; Shikano, Susumu: Regierungsabwahl ohne Regierungsneuwahl, in: Politische Vierteljahresschrift, 45. Jahrgang 2005, Heft 4
- Ramelow, Bodo: Die Mühe hat sich gelohnt. In: Disput. Mitgliederzeitschrift der Partei DIE LINKE, 27. Jahrgang 2017, Heft 5
- Roth, Roland: Ein Jahr Rot-Grün. Ein politischer GAU für die neuen sozialen Bewegungen?, in: Forschungsjournal Neue Soziale Bewegungen, 12. Jahrgang 1999, Heft 4
- Uellenberg- van Dawen, Wolfgang: Gewerkschaften und Parteien. In: Forschungsjournal Neue Soziale Bewegungen, 22. Jg. 2009, Heft 4

Online-Quellen

- o.V., Auf dem Weg zur neuen Linken – eine Chronologie, o.J., o.O., Archiv der Partei DIE LINKE, https://archiv2017.die-linke.de/partei/geschichte/auf-dem-weg-zur-neuen-linken-eine-chronologie/
- o.V.: Abgeordnete in den Parlamenten. Homepage der Partei DIE LINKE, https://www.die-linke.de/partei/ueber-uns/abgeordnete-in-den-parlamenten/
- o.V.: DIE LINKE in Regierungsverantwortung, Homepage des Brandenburger Landesverbandes der Partei DIE LINKE, http://www.dielinke-brandenburg.de/linke_minister/
- o.V.: DIE LINKE in Zahlen. Homepage der Partei DIE LINKE, https://www.die-linke.de/partei/ueber-uns/
- o.V.: Erste rot-rot-grüne Landesregierung. Homepage des Thüringer Landesverbandes der Partei DIE LINKE, http://www.die-linke-thueringen.de/landesregierung/
- o.V.: Gerhard Schröders zweite Vertrauensfrage, Deutscher Bundestag, Dokumente, Serie Misstrauensvoten, Folge 7 http://www.bundestag.de/dokumente/textarchiv/32714943_misstrauensvotum07/204182
- o.V.: Landesparlamente und Landesregierungen in Deutschland.

http://www.election.de/ltw_reg.html
- o.V.: Sitzverteilung im 16. Deutschen Bundestag. Bundeszentrale für politische Bildung, http://www.bpb.de/nachschlagen/zahlen-und-fakten/bundestagswahlen/55620/sitzverteilung,
- o.V., Sitzverteilung im 17. Deutschen Bundestag. Bundeszentrale für politische Bildung, http://www.bpb.de/nachschlagen/zahlen-und-fakten/bundestagswahlen/55578/sitzverteilung-2009,
- o.V., Sitzverteilung im 18. Deutschen Bundestag. Bundeszentrale für politische Bildung, http://www.bpb.de/nachschlagen/zahlen-und-fakten/bundestagswahlen/205665/sitzverteilung,

Andere

- Bisky, Lothar/ Ernst, Klaus/ Gysi, Gregor/ Kipping, Katja/ Lafontaine, Oskar/ Weck, Felicitas: Aufruf zur Gründung einer neuen Linken, o.O. 2006, http://www.dielinke-muelheim-ruhr.de/uploads/media/Sitzungsprotokolle_2006_01.pdf
- Krämer, Ralf, Für eine Wahlpolitische Alternative 2006, o.O.
- o.V.: Gründungsbeschluss der Partei DIE LINKE. In: Disput. Mitgliederzeitschrift der Partei DIE LINKE. 17. Jahrgang 2007, Heft 6
- Stöss, Richard; Neugebauer, Gero: Mit einem blauen Auge davon gekommen (sic!). Eine Analyse der Bundestagswahl 2002. Berlin 2002, Arbeitshefte aus dem Otto-Stammer-Zentrum, Nr. 7